ARTILLERIE

ARTILLERIE

Guide de Tir pour les Sous-Officiers

Commandant TRÉGUIER

ARTILLERIE

Guide de Tir

pour

les Sous-Officiers

PARIS

Henri CHARLES-LAVAUZELLE

Éditeur Militaire

10, Rue Danton (Boulevard St-Germain, 118)

1918

TABLE DES MATIÈRES

		Pages.
Introduction		7

CHAPITRE Iᵉʳ

ÉLÉMENTS DU TIR 9

CHAPITRE II

PRÉPARATION DU TIR

Article	Iᵉʳ. — Définitions	11
—	II. — Opérations de la préparation	12
—	III. — Choix de l'emplacement de la batterie	13
—	IV. — Pointage de la pièce directrice	14
—	V. — Formation du faisceau	14
—	VI. — Détermination de l'angle de site	17
—	VII. — Appréciation de la distance	17

CHAPITRE III

EXÉCUTION DU TIR

Article	Iᵉʳ. — Transport du faisceau	18
—	II. — Ordre des commandements à faire	19
—	III. — Manière de commander	21
—	IV. — Observation des coups	22
—	V. — Réglage de la direction	24
—	VI. — Réglage du correcteur	25
—	VII. — Réglage en portée	26

CHAPITRE IV

TIRS D'EFFICACITÉ

Article	Iᵉʳ. — Contre l'infanterie arrêtée	28
—	II. — Contre l'artillerie	28
—	III. — Objectifs mobiles	30
—	IV. — Obstacles. — Localités. — Bois	30
—	V. — Cas du fauchage	31

INTRODUCTION

Dans la prochaine guerre, dès les premiers combats, les officiers d'un certain nombre de batteries disparaitront et des sous-officiers devront en prendre le commandement. Il est donc indispensable que ces derniers sachent, à l'avance, comment on prépare et on exécute un tir.

L'instruction sur le tir leur est donnée par le Règlement d'une part, par les explications et conférences des officiers d'autre part.

Mais le Règlement comprend l'instruction complète sur le tir, et l'École du commandant de batterie est loin d'être à la portée des sous-officiers.

Les conférences des officiers sont pour la plupart trop détaillées, trop savantes ou trop rapidement faites. Les meilleures, c'est-à-dire les plus simples, sont bientôt oubliées; et finalement il ne reste dans l'esprit des sous-officiers qu'un amas confus de règles et de procédés à moitié compris. La confusion est telle que, à la moindre application sur le terrain, ils hésitent, se troublent et n'aboutissent pas.

Un officier même ne commandera convenablement une batterie au feu que s'il exécute machinalement ce qu'il a déjà appris et appliqué dès le temps de paix. A plus forte raison un sous-officier, dont l'expérience et l'instruction sur le tir sont moindres, n'obtiendra-t-il un certain résultat qu'à la condition d'appliquer une méthode simple, toujours la même et parfaitement connue de lui.

Quand, au lieu de faire aux sous-officiers une instruction sur le tir trop détaillée, on se contente de leur donner une notion simple des principes essentiels du tir; quand on se borne à leur apprendre quelques procédés et règles très simples, mais d'application possible dans tous les cas, ils arrivent, après quelques exercices, à faire sur le terrain une préparation et une exécution convenables de tir.

Evidemment, leurs opérations, *qui sont toujours les mêmes*, ne seront pas parfois les plus heureuses, les plus adéquates à la situation ; mais elles auront au moins l'immense avantage de les conduire sûrement à une solution.

La pratique du tir réel fera aussi défaut à nos sous-officiers : mais les plus anciens d'entre eux ne commanderaient-ils qu'un tir par an, que cette seule occasion de commander réellement des opérations exécutées jusque-là sans la sanction du feu serait pour eux d'une utilité incontestable. On peut espérer que, après quelques exercices de ce genre, un sous-officier rengagé qui, sur le champ de bataille, appliquerait machinalement les quelques règles et procédés simples qu'il connaîtrait depuis longtemps, arriverait à obtenir d'une batterie un certain rendement, tandis que cet espoir est irréalisable avec des sous-officiers à qui on aurait voulu tout apprendre et qui n'auraient dans l'esprit que les notions les plus confuses.

C'est pour parer à ce dernier danger que nous publions cette brochure. Elle est l'exposé aussi clair et aussi succinct que possible d'opérations et de règles, choisies uniquement en raison de leur simplicité, et dont la connaissance suffit pour permettre de commander un tir dans toutes les circonstances.

Elle aura atteint son but si elle sert de guide à ceux qui, animés du sentiment du devoir, voudront s'efforcer d'être à hauteur de la tâche délicate qui peut leur incomber à la guerre.

Guide de Tir pour les Sous-Officiers

CHAPITRE Ier

ÉLÉMENTS DU TIR

Pour atteindre un objectif O (*fig.* 1) qui serait à la même hauteur que le canon C, il faut :

1º Que le canon soit *dirigé* sur l'objectif;
2º Qu'on donne à la hausse la *distance* CO;
3º Qu'on donne le *correcteur* faisant éclater le projectile au point E, à bonne hauteur.

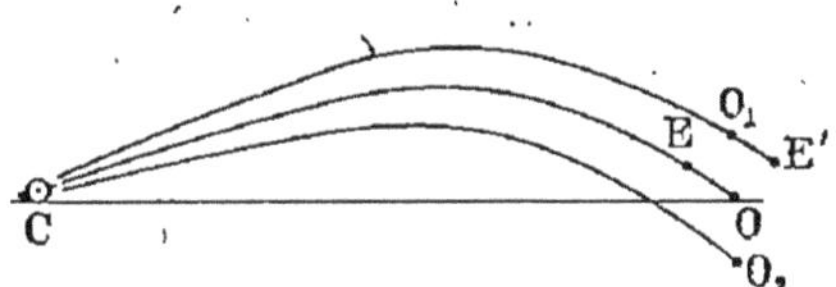

Fig. 1.

Mais si l'objectif, tout en étant à la même distance, n'est plus à la même hauteur que le canon et se trouve, par exemple, plus haut, en O_1, il ne sera pas atteint si on tire dans les mêmes conditions que tout à l'heure. Pour l'atteindre, il faut relever la trajectoire, c'est-à-dire relever la bouche du canon. Or, pour cela, il n'y a que deux moyens : augmenter la hausse ou agir sur le volant de pointage en hauteur.

La distance du but n'ayant pas changé, il n'y a pas lieu de changer la hausse. Donc il faut agir sur le volant de pointage en hauteur. Mais de combien ?

Si on fait marquer au niveau l'angle de site de O_1, la quantité dont il faudra tourner le volant pour que la trajectoire passe par O_1 est justement celle qui est nécessaire pour amener la bulle entre ses repères. Autrement dit, il suffit de donner au canon l'angle de site de O_1.

Au contraire, si l'objectif O_2 est plus bas que la pièce, il faut baisser la bouche du canon de la valeur de l'angle de site de O_2.

Donc, pour atteindre un objectif, il faut déterminer quatre éléments :

La *direction* ;
La *distance* ;
Le *correcteur* ;
L'*angle de site*.

C'est le réglage du tir qui permettra la détermination *exacte* de la direction, du correcteur et de la distance.

Au contraire, l'angle de site sera mesuré avant l'ouverture du feu.

Mais, pour que le réglage, une fois commencé, soit le plus facile et le plus rapide possible, il faut faire, au préalable, certaines opérations qui constituent la *préparation du tir*.

Remarque. — On pourrait bien amener la trajectoire à passer par O_1, en augmentant la hausse, sans donner l'angle de site ; mais il faudrait alors apporter au correcteur une modification. En effet, si le correcteur restait le même, le projectile éclaterait, sur la nouvelle trajectoire, à la même hauteur que sur l'ancienne, c'est-à-dire en E'.

On arriverait donc, quand le tir serait réglé, à avoir une hausse qui n'indiquerait pas la vraie distance de l'objectif, à avoir un correcteur anormal et enfin à avoir un angle de site faux. Les éléments du tir, n'étant pas justes, ne pourraient pas servir pour les tirs ultérieurs.

CHAPITRE II

PRÉPARATION DU TIR

ARTICLE Ier

Définitions.

Millième. — L'écart angulaire entre deux points se mesurant en millièmes, il faut d'abord savoir ce qu'est le millième.

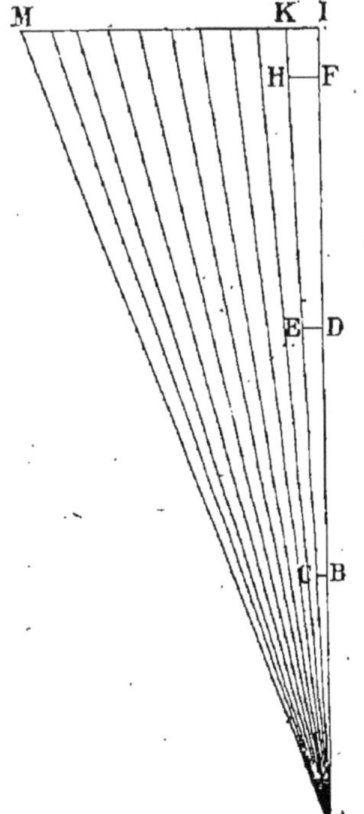

FIG. 2.

Le millième est le très petit angle sous lequel, étant au point A (*fig.* 2), on verrait 1 mètre BC à 1.000 mètres, ou 2 mètres DE à 2.000 mètres, ou 3 mètres FH à 3.000 mètres, etc. Autrement dit, c'est le très petit angle sous lequel on voit une largeur quelconque IK égale au *millième* de la distance.

Dire que l'écart entre deux points, I et M, est de 10 millièmes, c'est dire que l'angle sous lequel on voit le front IM contient 10 fois le petit angle de 1 millième et que, par conséquent, le front IM est égal à 10 fois le *millième* de la distance.

L'appareil de pointage, le niveau, le correcteur, la lunette de batterie et la réglette sont gradués en millièmes.

Plan de tir. — On appelle plan de tir le plan vertical passant par l'axe du canon.

Faisceau. — Le faisceau, c'est l'ensemble des quatre plans de tir de la batterie.

ARTICLE II

Opérations de la préparation.

La première chose à faire avant l'arrivée de la batterie est de fixer son *emplacement*, s'il ne l'est déjà par le chef de groupe.

Une fois en batterie, on aura, soit à tirer sur un objectif déjà apparu, soit à surveiller une zone de terrain, et, dans ce dernier cas, la batterie est dite « en surveillance ».

Si l'objectif est déjà apparu, le commandant de la batterie commence par diriger la pièce de droite sur la droite de l'objectif. C'est le *pointage de la pièce directrice*

Cela fait, il ne s'occupe pas des trois autres pièces. C'est le second de la batterie qui va disposer ces trois pièces dans un certain ordre par rapport à la première, de manière que le commandant de batterie puisse manier les quatre plans de tir à la fois. C'est ce qui s'appelle *former le faisceau.*

Pendant ce temps, le commandant de la batterie mesure ou fait mesurer l'*angle de site* de l'objectif et il apprécie la *distance.*

Si la batterie est en surveillance, les opérations de la préparation seront exactement les mêmes.

En effet, il faut que la batterie soit prête à ouvrir immédiatement le feu sur l'objectif qui apparaîtra.

Or, elle ne peut l'être que si le commandant de batterie sait où est dirigée sa pièce directrice et si son faisceau est formé, de manière que, par un simple commandement, il puisse le transporter sur l'objectif.

Dans ce cas également, le commandant de batterie devra avoir mesuré, à l'avance, l'angle de site et apprécié la distance des points du terrain où peut apparaître l'ennemi dans la zone qu'il a à surveiller, de manière à avoir presque immédiatement la valeur de l'angle de site et de la distance de l'objectif quand il apparaîtra.

Donc, toujours, les opérations de la préparation du tir sont les suivantes :

Choix de l'emplacement de la batterie ;
Pointage de la pièce directrice ;
Formation du faisceau ;
Mesure de l'angle de site ;
Appréciation de la distance.

ARTICLE III

Choix de l'emplacement de la batterie.

L'emplacement devra d'abord être tel qu'on puisse tirer par-dessus le couvert. Ensuite il devra être aussi défilé que possible. Ces deux conditions sont parfois contradictoires. Si on est trop défilé, les projectiles ne passent plus par-dessus le couvert. Si, pour éviter ce danger, on se met trop près de la crête, on n'est plus assez défilé.

Déterminer exactement l'emplacement qui concilie le mieux ces deux conditions, oblige à des mesures d'angle qu'on ne fait bien qu'avec l'habitude. On se contentera donc de la règle suivante qui, dans la pratique, donnera un résultat très suffisant :

Si la pente est faible (de 1 à 3 %), on peut se mettre aussi loin qu'on veut de la crête ;

Si la pente est moyenne (de 3 à 6 %), se mettre à la ligne de défilement de l'homme à cheval ;

Si la pente est forte, se mettre à la ligne de défilement de l'homme à pied.

La détermination de l'emplacement dépendra également de la possibilité de bien commander la batterie et d'observer les coups.

ARTICLE IV

Pointage de la pièce directrice.

A vue. — Si, étant à pied ou à cheval près de la pièce de droite, le commandant de batterie voit le point sur lequel il veut diriger cette pièce, il la dirige lui-même par des indications aux servants.

Par jalonnement. — Sinon, employer le procédé du jalonnement. Il est simple, suffisamment rapide, ne donne lieu à aucune mesure d'écart angulaire et, par là même, évite les erreurs fréquentes commises dans le pointage de la pièce directrice.

REMARQUE. — Quand un groupe est en surveillance, le chef de groupe choisit un point bien net, appelé *repère,* qui lui sert de point de départ pour désigner les objectifs. C'est généralement sur ce repère que les commandants de batterie dirigent leur pièce de droite.

ARTICLE V

Formation du faisceau.

Faisceau convergent. — Si les quatre canons sont dirigés sur le même point R (*fig.* 3), le faisceau est

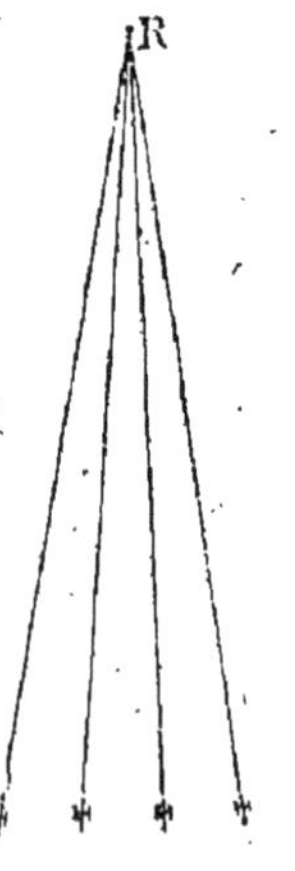

FIG. 3.

convergent. Les plans de tir ne sont pas échelonnés de la droite à la gauche : l'échelonnement est zéro.

Cette situation du faisceau ne peut être que transitoire parce que, si on tirait dans ces conditions, on ne battrait que le point R. Comme il faut battre un certain front, on échelonne toujours les plans de tir de la droite vers la gauche.

Parallélisme. — Par exemple, quand les plans de tir sont parallèles (*fig.* 4), ils sont échelonnés. Mais ils ne sont échelonnés que de l'intervalle des pièces, soit 15 mètres ou 5 millièmes pour la distance moyenne de 3.000 mètres.

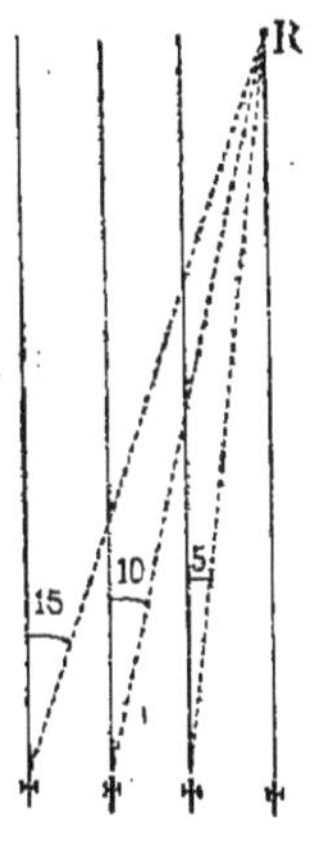

Fig. 4.

On rend les plans de tir parallèles par l'un des moyens suivants :

1° En faisant d'abord diriger les quatre canons sur un point en avant R, avec plateau 0, tambour 100 ; puis en commandant : « Echelonnez de 5 » ;

2° En prenant un point de pointage sur le côté ;

3° En faisant du pointage réciproque.

Quand le faisceau est parallèle, les gerbes des quatre canons ne battent qu'un front d'environ 20 millièmes. Or, le front à battre sera généralement plus grand, de 40 à 50 millièmes par exemple. Aussi vaut-il mieux, dans la préparation, échelonner davantage les plans de tir, soit de 15 millièmes environ. Le faisceau est alors dit *en éventail*.

Faisceau en éventail. — Pour former le faisceau en

éventail, à l'échelonnement de 15 millièmes, on peut employer les procédés bien connus suivants :

1° Prendre un point de pointage latéral, ce qui rend les plans de tir parallèles, c'est-à-dire échelonnés de 5 ; puis commander : « Echelonnez de 10 » ;

2° Prendre un point de pointage en arrière, à 1.000 mètres au moins. Le faisceau est alors en éventail ; mais l'échelonnement des pièces, variant avec la distance du point de pointage, ne sera peut-être pas de 15. Il n'y a pas lieu de s'en préoccuper. La première salve indiquera si l'éventail est trop ouvert ou trop fermé et on corrigera à ce moment-là seulement ;

3° Enfin, si on ne peut pas prendre un point de pointage sur le côté ou en arrière, on fera du pointage réciproque ; ce qui rendra les pièces parallèles. Puis on commandera : « Echelonnez de 10. »

Ce dernier procédé est plus long que les autres. On ne l'emploiera que si on a le temps et si on ne peut recourir à l'un des précédents.

REMARQUE. — Parfois, le commandant de batterie peut lui-même, d'un seul coup, pointer la pièce de droite sur le point R (*fig.* 5) et former le faisceau à l'échelonnement de 15, si les pointeurs des quatre pièces voient le point R.

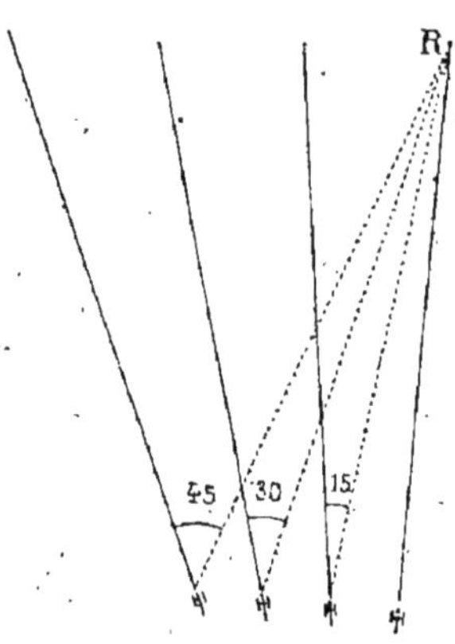

FIG. 5.

Pour cela, il n'a qu'à commander :

« Point de pointage, tel point. »
« 1re pièce, plateau 0, tambour 100. »
« Echelonnez de 15. »

ARTICLE VI

Détermination de l'angle de site.

Il est important de donner à la batterie un angle de site aussi exact que possible. Si on donne un angle de site trop fort, c'est-à-dire si on relève trop les trajectoires, on aura, au début, des éclatements trop hauts, inobservables en portée.

Si, au contraire, on donne un angle de site trop faible, les coups du début seront percutants ; ils peuvent ne pas être vus et il faudra peut-être tirer plusieurs salves avant d'avoir une bonne hauteur d'éclatement.

On devra donc, si on le peut, mesurer ou faire mesurer l'angle de site aussi exactement que possible.

On le mesurera avec un sitomètre ou avec la lunette de batterie.

Si on ne peut se servir de l'un de ces instruments on évaluera l'angle de site à l'œil. On commettra sûrement une erreur, mais on la rectifiera au cours du réglage, comme on le verra plus loin.

ARTICLE VII

Appréciation de la distance.

Si on a le temps et si on peut se servir d'un télémètre, on devra mesurer la distance. Mais, le plus souvent, le commandant de batterie devra l'apprécier à vue, à moins que le chef de groupe ne la lui fixe. Mais comme, dans cette appréciation à vue, on s'expose à une assez grosse erreur, il faudra ne négliger aucun indice pouvant renseigner. Par exemple, on évaluera la distance de points intermédiaires entre la batterie et le but ; ou bien on comparera à la distance d'un autre objectif sur lequel on aura déjà tiré ; ou bien, si un village est dans le voisinage de l'objectif, on mesurera sur la carte la distance de ce village.

CHAPITRE III

EXÉCUTION DU TIR

ARTICLE Ier

Transport du faisceau.

Supposons la batterie en surveillance, la pièce de droite dirigée sur le repère R (*fig.* 6) du chef de groupe, le faisceau à l'échelonnement de 15.

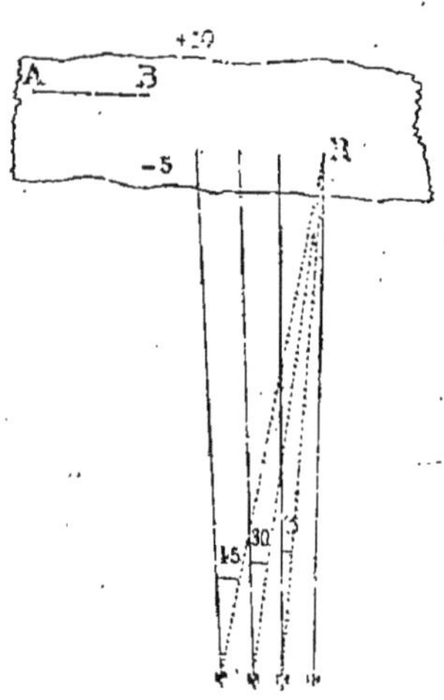

FIG. 6.

Le commandant de batterie a mesuré l'angle de site (soit + 10) de la partie la plus élevée et celui (soit — 5) de la partie la plus basse de la zone à surveiller. En outre, il a apprécié la distance des points les plus remarquables de cette zone.

A un moment donné, il reçoit de son chef de groupe, placé à une certaine distance de la batterie, l'ordre de battre un objectif AB, qui vient de paraître à 50 millièmes environ à gauche du repère et qui a 40 millièmes de front.

La première chose à faire pour le commandant de batterie est de transporter la droite de son faisceau sur la droite B de l'objectif. Pour cela, il mesure l'écart angulaire entre R et B, bien que le chef de groupe lui ait annoncé que l'objectif, c'est-à-dire la droite B de cet objectif, était à 50 millièmes environ du repère R.

Cette mesure par le commandant de batterie est nécessaire, parce qu'il est possible, si le chef de groupe est éloigné de la batterie, que l'écart angulaire RB soit bien de 50 millièmes pour lui, mais ne le soit pas pour le commandant de batterie.

Supposons que ce dernier trouve que l'écart RB est d'environ 60 millièmes. Immédiatement il commande : « Augmentez de 60. »

Le faisceau est alors transporté en bloc de 60 millièmes à gauche, et la droite du faisceau, si on n'a pas fait d'erreur, est bien dirigée sur la droite B de l'objectif.

REMARQUE. — Il ne faudra pas, pour le moment, se préoccuper de savoir si le faisceau est trop ouvert ou trop fermé pour le front à battre. On le verra à la première salve.

Si on voulait, avant la première salve, mesurer le front exact AB de l'objectif, le comparer au front réellement battu par le faisceau et modifier par suite l'échelonnement, on serait certain de se tromper, à moins d'avoir l'habitude du tir. On se contentera donc de transporter simplement le faisceau, tel qu'il est.

ARTICLE II

Ordre des commandements à faire.

Pour être certain d'opérer sans se troubler et de ne rien oublier, il est indispensable de bien connaître l'ordre dans lequel on doit faire les commandements pour l'ouverture du feu et de suivre toujours cet ordre, qui est le suivant :

Après avoir transporté le faisceau sur l'objectif, il faut *abattre*, si du moins on estime qu'on n'a pas fait une grosse erreur dans ce transport du faisceau. Mais si l'écart entre la droite du faisceau et la droite de l'objectif est grand, la mesure de l'écart peut alors être entachée d'erreur. Dans ce cas, on commandera :

« *Sans abattre* », et on attendra, pour abattre, d'avoir
vu le coup de la pièce de droite qui sera tirée seule.
On ordonnera alors la modification nécessaire à l'ensemble de la batterie, puis on commandera : « Abattez ».

Si l'objectif est mobile, on tirera sans abattre.

Donc, de toutes façons, le commandement à faire,
après avoir transporté le faisceau, sera : « *Abattez* »,
ou : « *Sans abattre* ».

La direction étant déterminée, il faut déterminer
les trois autres éléments du tir dans l'ordre suivant :

Angle de site;
Correcteur;
Distance.

Angle de site. — Le commandant de batterie mesure
ou apprécie l'écart en hauteur entre l'objectif et le
point de la zone dont il a déjà déterminé l'angle de
site; par exemple, dans la figure 6, la partie la plus élevée de cette zone.

Supposons qu'il trouve cet écart égal à 5 millièmes
environ. Il commande alors : « Angle de site + 5 ».

Correcteur. — Partir toujours du correcteur 18. Ce
ne sera pas le bon correcteur, si on a fait une erreur
sur l'angle de site, mais on rectifiera par le réglage.

Distance. — Il ne reste plus maintenant, pour com-
mencer le feu, qu'à indiquer l'ordre dans lequel les
pièces vont tirer et la distance.

Ainsi donc, à partir du moment où on reçoit l'ordre d'ouvrir le feu, la série des commandements à
faire est la suivante :

« Augmentez (ou diminuez) de tant »;
« Abattez (ou sans abattre) »;
« Angle de site : tant »;
« Correcteur : 18 »;
« Par la droite, par batterie, telle distance ».

Remarque. — Tirer toujours la première salve par
la droite, parce que, dans le réglage, la première chose
à faire est d'observer l'écart entre le coup de droite
et la droite de l'objectif. Une fois cet écart observé,
on commandera : « Par la gauche, par batterie », si le
vent vient de droite.

ARTICLE III

Manière de commander.

Les commandements ci-dessus ne doivent pas être faits précipitamment à la suite l'un de l'autre. Ils doivent être faits à trois moments séparés.

1er *moment* : après la mesure de l'écart RB (*fig.* 6).

On commande :

« Augmentez de 60 » ;
« Abattez ».

2e *moment*. — Après la mesure de l'angle de site.

On commande :

« Angle de site, + 5 » ;
« Correcteur 18 ».

3e *moment*. — Quand on a apprécié la distance et que la batterie est prête.

On commande :

« Par la droite, par batterie, telle distance. »

Du reste, il vaut toujours mieux ne faire qu'un seul commandement à la fois et attendre, pour passer à un autre commandement, que le premier ait été répété par les chefs de section.

Exemple : la 1re salve (C. 18, 2.600) est percutante, courte et le coup de droite est à 10 millièmes à droite de l'objectif.

Il faudra faire trois commandements nettement séparés :

1° « Augmentez de 10. »
   Les chefs de section répètent : « Augmentez de 10. »

2° « Correcteur 22. »
   Les chefs de section répètent.

3° « 3.000. »

Remarque. — Souvent, dans les modifications à la direction, on commande « Augmentez » au lieu de « Diminuez », ou réciproquement. Si on s'en aperçoit, il ne faut pas commander : « Au temps », ce qui montrerait au personnel qu'on s'est trompé. Il n'y a qu'à refaire, en sens inverse, une modification double.

ARTICLE IV

Observation des coups.

Sens d'un coup. — Le coup est court quand la fumée cache le but; il est long quand le but se détache sur la fumée. Mais on n'est certain du sens d'un coup court que quand l'éclatement est bas. La fumée d'un éclatement haut E (*fig.* 7), descendant vers la terre, pourrait cacher le but O, alors que la trajectoire est longue.

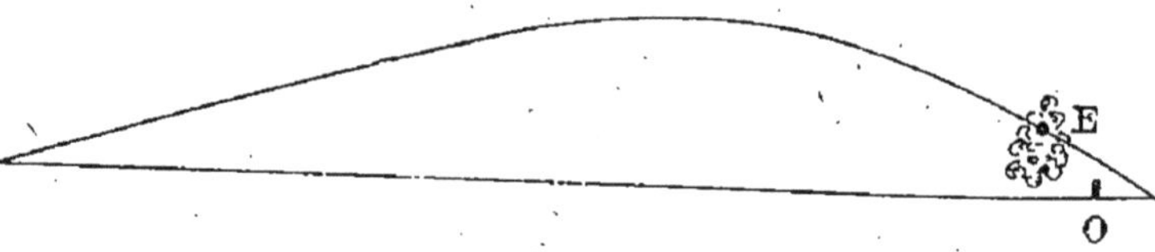

FIG. 7.

Si l'objectif O (*fig.* 8) est sur un terrain en pente vers la batterie, tout coup percutant P plus bas que O est sûrement court et tout coup percutant P_1 plus haut est sûrement long.

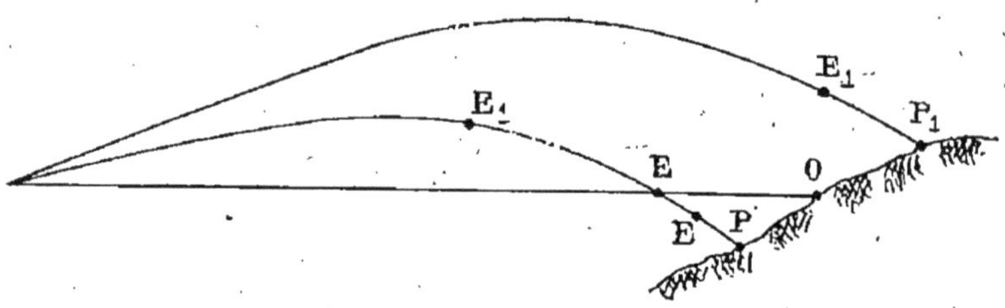

FIG. 8.

Tout coup fusant E à même hauteur ou plus bas que O est court; mais on ne peut rien dire sur tout coup fusant E_1 plus haut que l'objectif; il peut être court ou long. C'est pour cela qu'il faut toujours avoir des éclatements à peu près à hauteur de l'objectif.

Salve encadrante. — Une salve, dont deux coups sont courts et deux longs, est dite *encadrante*. Mais une salve dont deux coups seulement sont vus l'un court, l'autre long, n'est pas encadrante. Pour être fixé sur le sens d'une pareille salve, il faut la retirer. Si, encore une fois, on ne voit que deux coups, l'un court, l'autre long, on déclare la salve encadrante.

Si, dans un tir percutant, on obtient une salve encadrante, on a la hausse du but. Si c'est dans un tir fusant, la hausse est longue, mais près du but.

Salve mixte. — Il ne faut pas confondre *salve encadrante* avec *salve mixte.*

La salve mixte peut comprendre :

1 court... }
3 longs... } Elle est longue ;

1 long.... }
3 courts.. } Elle est courte ;

1 court... }
2 longs... } Elle est douteuse, il faut la retirer ;
1 pas vu.. }

1 long.... }
1 court... } Elle est douteuse, il faut la retirer.
2 pas vus. }

Une salve mixte indique qu'on est près du but, si on ne s'est pas trompé dans l'observation.

REMARQUE IMPORTANTE. — Si on n'observe qu'un seul coup d'une salve, cela suffit pour fixer le sens de la salve, à moins qu'on ne soit sur une limite de fourchette. Dans ce cas, il faudra avoir observé au moins deux coups pour être fixé.

Exemple :   2.400 : court ;
    2.800 : un seul coup vu et long.

On peut dire que 2.800 est long.

Mais continuons le réglage, pour chercher la fourchette de 200 :

    2.600 : court.

On ne peut plus dire que 2.800 est long et que, par conséquent, on a la fourchette de 200. Pour être fixé sur 2.800, qui devient *limite de fourchette*, il faut retirer cette hausse.

    2.800 : un seul coup vu et long.

Cette fois, on est fixé, parce qu'on a observé deux coups longs à 2.800. 2.800 est bien la limite longue de la fourchette.

ARTICLE V

Réglage de la direction.

Première salve. — Se contenter d'observer l'écart entre le coup de droite et la droite de l'objectif, et modifier de cet écart la direction de tout le faisceau, de manière à amener sa droite sur la droite de l'objectif.

Comment mesurer cet écart. — On peut évidemment le mesurer, comme tous les écarts angulaires, avec la jumelle, la réglette ou un autre instrument. Mais, au cours du réglage, il faut éviter toute mesure d'angle qui ne soit pas nécessaire. Il est beaucoup plus simple d'apprécier l'écart à vue par comparaison avec une base-repère.

En effet, avant l'ouverture du feu, le commandant de batterie doit choisir sur le terrain, *le plus près possible de l'objectif*, une base-repère qu'il mesure une fois pour toutes. Quand le coup de droite éclate, il compare à cette base-repère l'écart entre ce coup de droite et la droite de l'objectif.

Si le front de l'objectif est très net, il est lui-même la base-repère.

Exemple (fig. 9) : le coup de droite semble à un quart de front environ à droite.

On commande : « Augmentez de 10 ».

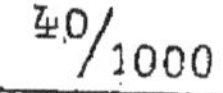

FIG. 9.

Si le front de l'objectif n'est pas net, on prendra, si possible, à droite de l'objectif, un point bien visible P (*fig.* 10) et l'écart PB sera la base-repère.

Exemple de la figure : « Augmentez de 5 ».

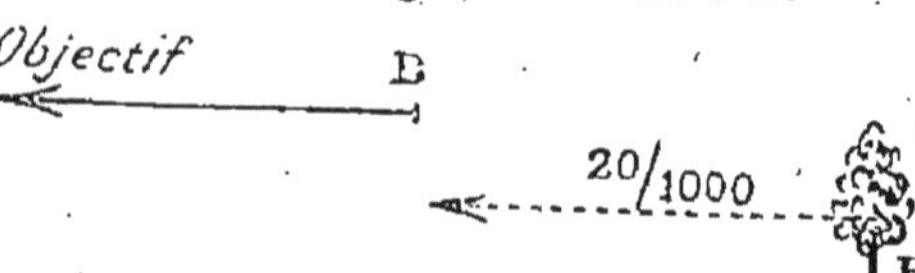

FIG. 10.

Remarque. — Il vaut mieux observer la première salve à l'œil nu, parce que, en regardant dans la jumelle, on peut ne pas voir le coup de droite, s'il n'est pas en direction, et aussi parce qu'on apprécie moins bien qu'à l'œil nu l'écart par rapport à la base-repère.

Deuxième salve. — Si le coup de droite est en direction, porter son attention surtout sur le coup de gauche. Apprécier son écart de la gauche de l'objectif; prendre le tiers de cet écart et modifier l'échelonnement de ce tiers.

Exemple (fig. 11) : coup de gauche à gauche d'environ 1/4 d'objectif. On commande : « Diminuez l'échelonnement de 3 ».

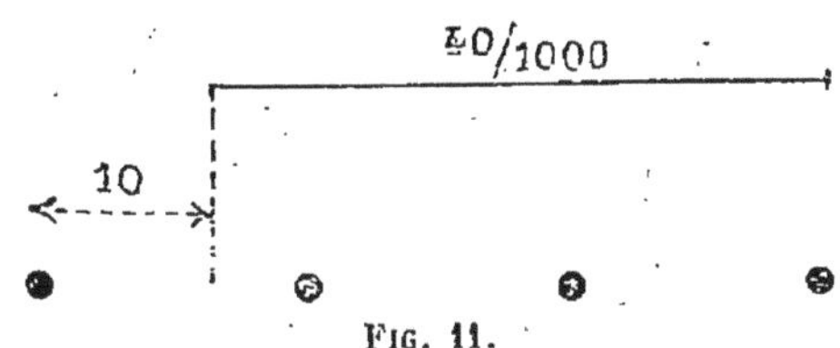

Fig. 11.

Quand le coup de droite et le coup de gauche sont dirigés sur la droite et sur la gauche de l'objectif, on s'occupe alors de modifier, s'il y a lieu, par des corrections individuelles, la direction des 2e et 3e pièces.

Remarque. — Si le faisceau est embrouillé, ne pas hésiter à tirer par pièce, jusqu'à ce qu'il soit remis en ordre.

ARTICLE VI

Réglage du correcteur.

Il faut arriver à une hauteur d'éclatement de 1 millième environ au-dessus de l'objectif.

Éclatements fusants. — Si les éclatements sont hauts, on appréciera leur hauteur moyenne au-dessus de l'objectif; et, pour cela, on aura soin de prendre, comme pour la direction, une hauteur de comparaison : un arbre, ou le haut d'un bois derrière l'objectif, ou la hauteur en millièmes d'une pente descendant vers la batterie, etc...

Il faudra diminuer le correcteur plutôt trop que pas assez. Si on le diminue trop, les coups seront percutants ; mais, au moins, on a des chances de voir s'ils sont courts ou longs ; tandis que si on n'a pas diminué assez, ce ne sera pas possible et le réglage en portée sera retardé.

On a toujours des tendances à avoir des éclatements de réglage trop hauts. Le correcteur n'est bon que quand, sur les quatre coups de la salve, il y en a un percutant.

Eclatements percutants. — Si la première salve est percutante, augmenter le correcteur de 4.

Si la deuxième salve est encore percutante, augmenter le correcteur de 8.

Si, par hasard, la troisième salve est encore percutante, c'est qu'on a commis une grosse erreur sur l'angle de site. On augmentera l'angle de site de 10, sans modifier le correcteur de la salve précédente. Généralement, on aura alors des éclatements trop hauts, qu'on abaissera à 1 millième au moyen du correcteur.

Quand une salve devient percutante parce qu'on a trop diminué le correcteur, il faut le relever de la moitié de la diminution précédente.

Quand une salve donne des coups fusants et des coups percutants, ne pas toucher au correcteur. Il sera peut-être un peu bas, mais mieux vaut être un peu bas qu'un peu haut.

ARTICLE VII

Réglage en portée.

Partir de la distance appréciée, mais avec une hausse paire (les augmentations ou diminutions de hausse sont ainsi plus faciles).

Procéder par bonds de 400 d'abord.

Quand on a l'encadrement de 400, prendre la hausse intermédiaire, si on cherche la fourchette de 200.

De même, pour arriver à la fourchette de 100 ou à celle de 50.

Exemple : 2.400 : court.
2.800 : court. } Fourchette de 400.
3.200 : long. }
3.000 : court.   —   de 200.
3.100 : long.   —   de 100.
3.050 : court.   —   de 50.

Quand une salve est mixte, on peut réduire le bond.

Exemple : 2.400 : court.

2.800 { 3 courts ;
{ 1 long.

Au lieu de commander 3.200 pour la troisième salve, on commandera 3.000, parce que le coup long de 2.800 indique que cette hausse n'est pas très courte.

Quand on obtient une salve encadrante, on a la hausse du but si on tire en percutant. Si on tire en fusant, la hausse est légèrement longue, mais près du but, et le bond suivant est réduit à 100 mètres.

Si on doit faire le tir d'efficacité avec des obus explosifs, il faut, dès qu'on a l'encadrement de 200, chercher la fourchette de 100 avec des obus explosifs, au cas où on aurait commencé le réglage avec des obus à balles.

Remarque importante. — Si on a le moindre doute sur une limite de fourchette, ne pas hésiter à la retirer.

Salve de contrôle. — Avant de lancer le tir d'efficacité, il faut être sûr que la direction est bonne et que la hauteur d'éclatement est de 1 millième. Si on n'en est pas certain, on tirera, sur la limite courte de la fourchette, une salve pour contrôler les éléments du tir douteux. C'est ce qu'on appelle la *salve de contrôle*.

CHAPITRE IV

TIRS D'EFFICACITÉ

Si le tir d'efficacité est fusant, il faut augmenter de 2 le correcteur de réglage.

ARTICLE Iᵉʳ

Contre l'infanterie arrêtée.

Le tir d'efficacité est fusant, sur hausse unique, à moins que l'infanterie ne soit abritée dans une tranchée.

On pousse le réglage jusqu'à la fourchette de 50 et on fait le tir d'efficacité sur la limite courte.

Si l'infanterie est abritée dans une tranchée, on tire avec des obus explosifs, dès qu'on a la fourchette de 200. On pousse le réglage jusqu'à la fourchette de 50 et on fait alors un tir échelonné de 25 sur la limite courte, sur la hausse intermédiaire et sur la limite longue.

ARTICLE II

Contre l'artillerie.

a) ARTILLERIE VISIBLE.

1º Chercher la fourchette de 400; puis faire un tir progressif sur la limite courte;

2º Serrer la fourchette à 50 avec des obus explosifs et faire avec ces obus un tir échelonné de 25 sur la limite courte, sur la hausse intermédiaire et sur la limite longue;

3º Faire ensuite par pièce un tir à démolir.

Chaque pièce est dirigée très exactement sur une pièce ennemie. Elle tire d'abord quatre coups sur la hausse intermédiaire de la fourchette de 50. Sur ces quatre coups, deux ou trois doivent être longs. Si un seul coup est long, on augmente la hausse de 25. Si les quatre coups sont longs, on la diminue de 25.

La bonne hausse étant ainsi obtenue, continuer le tir jusqu'à démolition de la pièce ennemie.

Exemple : fourchette $\left\{ \begin{array}{l} 2.800 \\ 3.200 \end{array} \right\}$ correcteur de réglage : 19.

    1° Tir d'efficacité : « correcteur 21 ; tir progressif ; 2.800 ».

    Fourchette de 50 (2.950.
    (obus explosifs). (3.000.

2° Tir d'efficacité.. $\left\{ \begin{array}{l} \text{Par 2 : 2.950.} \\ \quad— \quad : 2.975. \\ \quad— \quad : 3.000. \end{array} \right.$

3° Tir à démolir.

1re pièce..... $\left\{ \begin{array}{l} 2.975 : \text{C.} \\ \quad— \quad : \text{C.} \\ \quad— \quad : \text{L.} \\ \quad— \quad : \text{C.} \end{array} \right.$

Il faut augmenter la hausse de 25.

1re pièce..... $\left\{ \begin{array}{l} 3.000 : \text{L.} \\ \quad— \quad : \text{C.} \\ \quad— \quad : \text{L.} \\ \quad— \quad : \text{L.} \end{array} \right.$

La hausse du tir à démolir est 3.000.

REMARQUE. — On ne fera pas de tir à démolir au delà de 3.500 mètres, parce que, à des distances supérieures à 3.500 mètres, le tir n'étant plus aussi précis, il faudrait consommer trop de projectiles pour arriver à démolir le matériel.

b) ARTILLERIE MASQUÉE.

Encadrer le couvert à 200 et faire un tir fusant échelonné de 100 sur la limite courte, sur la hausse intermédiaire et sur la limite longue du couvert. Si on veut faire ensuite un tir à obus explosifs, serrer la fourchette à 100. Faire alors, en partant de la hausse longue augmentée de 50, un tir par salves échelonnées de 25, jusqu'à ce qu'on voie des coups courts par rapport au couvert.

ARTICLE III

Objectifs mobiles.

Chercher l'encadrement de 400 et lancer immédiatement un tir progressif sur la limite courte.

ARTICLE IV

Obstacles. — Localités. — Bois.

---

a) Obstacles.

Chercher la fourchette de 50; puis, avec la hausse intermédiaire, tirer une salve de quatre coups destinée à fixer la hausse du tir d'efficacité. Si la salve comprend deux ou trois coups longs, la hausse est bonne. Si elle ne comprend qu'un coup long, il faut l'augmenter de 25. Si elle comprend quatre coups longs, il faut la diminuer de 25.

Le tir contre obstacles se fait avec des obus explosifs ou avec des obus à balles percutants. Mais, s'il y a des troupes derrière l'obstacle qu'on veut démolir, on n'emploiera que des obus explosifs, car ceux-ci, éclatant derrière l'obstacle, auront une action sur les troupes en outre de leur action de démolition; tandis que l'obus à balles percutant, éclatant au contact immédiat de l'obstacle, ne produirait aucun effet sur les troupes.

b) Localités. — Bois.

Chercher la fourchette de 50 sur la lisière; puis, à partir de la limite courte, faire en obus explosifs un tir échelonné de 25 sur un certain nombre de hausses, selon la profondeur à battre.

Remarque. — Le tir contre le matériel a déjà été vu plus haut.

ARTICLE V

Cas du fauchage.

Quand l'objectif a plus de 50 millièmes de front, on fauche généralement.

En principe, on fait du fauchage double sur l'infanterie, et du fauchage simple sur l'artillerie.

Quand on fauche, il y a une précaution à prendre avant de commander le tir d'efficacité, si la 4e pièce est dirigée sur la gauche de l'objectif. Le fauchage portant les coups à gauche, les coups de cette pièce seraient perdus, pour la plupart, si on ne prenait la précaution de fermer un peu le faisceau en commandant avant le tir d'efficacité : « Diminuez l'échelonnement de 5. »

Paris et Limoges. — Imp. et libr. milit. Henri Charles-Lavauzelle.

www.ingramcontent.com/pod-product-compliance
Ingram Content Group UK Ltd.
Pitfield, Milton Keynes, MK11 3LW, UK
UKHW020946220726
13924UKWH00002B/527